Género Ficción realista

I0799137

Pregunta esencial

¿Cómo usas tus talentos para ayudar a los demás?

Un pequeño GRAN violinista

Miguel Ísola
ilustrado por Edwin Cruz

CAPÍTULO 1

Escuchar, escuchar, escuchar

Hay colores, como el azul, el rojo o el violeta.

Hay olores, como el del champú, el del césped recién cortado o el del chocolate.

Hay formas y movimientos; también texturas y temperaturas.

Hay muchas cosas en el mundo, pero a Wong le atraen los sonidos.

El goteo de la lluvia, el canto de los pájaros, el silbido del tren.

Cada vez que Wong escucha un nuevo sonido, se queda como hipnotizado.

Cuando tenía cinco años, ya era un experto copiando con su propia voz los sonidos de la sirena de los bomberos, el motor de la camioneta de su papá y las turbinas del avión. Todos le salían a la perfección.

También podía reproducir el trinar del canario, el relincho del caballo y el croar de las ranas.

Además de imitar, le gustaba inventar. Creaba sonidos con todo tipo de materiales. Wong fabricaba sus instrumentos musicales con un palo y un alambre tensado, una caña con agujeros, unas latas vacías o unos palillos. Con todo podía hacer un ritmo y una melodía.

Sus padres pensaban: "¡Cómo ama la música nuestro hijo! Deberíamos ayudarlo". Pero no se les ocurría cómo.

CAPÍTULO 2
El sonido de la sorpresa

Wong estaba por cumplir ocho años. Una tarde, sonó el timbre de la casa.

—Tilín, tilín —imitó Wong.

Era un vendedor ambulante que ofrecía muchas cosas usadas. Su madre le dijo que no necesitaban nada, pero en ese momento vio un instrumento extraño.

—¿Qué es eso? —preguntó Wong.

—Es un violín —respondió el vendedor—. Es un regalo de un anciano músico amigo mío, pero yo no tengo talento para la música, así que decidí venderlo. Lo único que quiero es que alguien pueda disfrutarlo.

Los ojos de Wong se iluminaron. No sabía cómo sonaba un violín, pero le entusiasmaba mucho saberlo.

—No quiero ser imprudente, pero creo que usted ya ha encontrado a alguien que va a disfrutarlo —dijo la mamá de Wong.

El vendedor le explicó a Wong cómo debía colocarse el violín y también le dio unas partituras viejas de regalo. Parecía realmente contento de haber encontrado un nuevo dueño para su violín.

Al principio, Wong estuvo desconcertado con su nuevo instrumento. ¡Era muy difícil de tocar! Los sonidos que emitía no eran bellos como él esperaba. Wong se enojó y guardó el violín en el ropero.

Pasaron unos días sin que lo tocara. Se veía en su rostro que estaba apenado.

Entonces su papá tuvo una idea. Averiguó en el pueblo si alguien sabía tocar el violín. Por suerte, había un joven vecino, Johnny, que era muy hábil, y se comprometió a darle clases a Wong.

Cuando Wong se enteró, frunció el ceño porque no estaba acostumbrado a que le tuvieran que enseñar cómo producir un sonido.

—¿Cómo aprendiste a imitar el relincho del caballo? —preguntó su papá.

—Lo aprendí escuchando al caballo de mi amigo Pedro —respondió Wong con voz traviesa.

—Bueno, eso es lo que vas a hacer con Johnny, escuchar y luego imitar... —explicó su papá.

—Está bien, probaré —comentó Wong a regañadientes.

CAPÍTULO 3

Con ayuda es mejor

Al día siguiente, Wong fue con su papá al domicilio de Johnny. Se sentó junto a él con expresión seria.

Johnny no se inquietó. Pacientemente, tomó su violín y comenzó a tocar. No era tan hábil con el violín como se decía, pero lograba tocar melodías muy dulces.

—¿Quieres intentarlo, Wong? —preguntó Johnny cuando terminó.

—¡Claro! —respondió Wong, que estaba fascinado con los sonidos que Johnny sacaba del violín.

Día a día, Wong iba a casa de Johnny a practicar. Su papá lo llevaba siempre. Johnny le fue enseñando todo lo que sabía.

Gracias a su esfuerzo y a su talento, Wong pronto hizo grandes logros. Y con el tiempo, logró tocar hermosas melodías.

Detective del lenguaje	**El verbo subrayado en esta página, ¿en qué tiempo está conjugado: en presente, en pretérito o en futuro?**

CAPÍTULO 4
Tiempo de compartir

Los padres de Wong se daban cuenta de que él disfrutaba aprendiendo a tocar su nuevo instrumento. Pero nunca lo habían escuchado. No querían presionarlo, así que no le decían nada.

Un día, toda la familia se había reunido para celebrar el cumpleaños del abuelo. Comían y reían, con mucho bullicio. De repente, una melodía hizo que todos enmudecieran. Era muy suave y bella. Era Wong que tocaba su violín. Tenía los ojos cerrados. Y parecía muy concentrado. Ejecutó una tras otra diferentes melodías. Sus manos se movían con una destreza increíble. El arco iba y venía velozmente. Con su cuello mantenía el instrumento en equilibrio.

La sorpresa de todos era inmensa. Y la alegría también.

Desde ese entonces, Wong siempre tocaba en las reuniones familiares.

Cada vez sorprendía con nuevas melodías.

—Deberías compartir tu música con otras personas además de nosotros, Wong —le dijo un día su madre.

—¿Tú crees que les gustaría? —preguntó él.

—Claro, ¿por qué no les va a gustar, si a nosotros nos encanta?

—Lo pensaré —respondió él.

Lo pensó. Y le pareció una buena idea. Él había aprendido a disfrutar de los sonidos. Ahora quería ayudar a que los demás disfrutaran de la belleza de la música. Tenía que tener confianza en sí mismo.

Unos inquilinos, que vivían en el apartamento del fondo, hicieron una fiesta. Asistieron varios vecinos. Acompañado por sus padres, Wong se ofreció a tocar el violín para ellos. Accedieron gustosos. Y cuando lo escucharon, estaban felices.

—Es maravilloso, Wong —dijo una vecina—, realmente tienes talento. ¿No te gustaría venir a tocar para los abuelos del pueblo algún día?

—¡Sería una gran idea! ¿Verdad, Wong? —dijo su madre.

—Claro que iré —respondió Wong entusiasmado.

Detective del lenguaje	**El verbo subrayado en esta página, ¿en qué tiempo está conjugado: en presente, en pretérito o en futuro?**

El sábado siguiente, sus padres llevaron a Wong a la reunión de los abuelos. A pesar de los nervios, pudo ejecutar el violín con maestría. Los ancianos estaban sorprendidos y encantados. Aplaudieron a Wong un largo rato. E incluso le pidieron que repitiera alguna pieza.

Y desde ese día, él no perdió ninguna oportunidad de tocar para ellos.

—A pesar de que eres pequeño —le decían ellos—, eres un gran violinista porque tienes el corazón grande.

—Nos ayudas mucho con tu música, pequeño —dijo una abuela—. Siempre esperamos ansiosos tu llegada. Es una gran alegría que vengas a tocar para nosotros.

—¡Y para mí es una alegría ayudarlos con mi violín! —exclamó Wong muy feliz.

Respuesta a la lectura

Resumir

Usa detalles del cuento para resumir *Un pequeño gran violinista*. El organizador gráfico te servirá de ayuda.

Evidencia en el texto

1. ¿Cómo sabes que *Un pequeño gran violinista* es un cuento de ficción realista? Identifica una característica que lo demuestre. **GÉNERO**

2. ¿Cómo se siente Wong cuando escucha sonidos nuevos? Busca las claves en la página 2. **PUNTO DE VISTA**

3. ¿Qué significa la palabra *increíble* en la página 10? ¿Cómo te ayuda el prefijo *in-* a hallar el significado? **PREFIJOS**

4. Escribe sobre cómo ayudó Wong a los demás. **ESCRIBIR SOBRE LA LECTURA**

Género Ficción realista

Compara los textos

Lee sobre cómo Benny usa sus talentos para ayudar a los demás.

El sándwich perfecto

Era la Semana de los Alimentos en el centro comercial. Benny vio que había un concurso de sándwiches para jóvenes cocineros.

—Yo puedo hacer una encuesta sobre el relleno favorito de todos y usar los cinco mejores para mi sándwich —dijo Benny, entusiasmado.

¡Pero juntos, los cinco rellenos tenían un sabor horrible! Así que Benny hizo otro sándwich con distintos rellenos. Era mejor, pero el pan estaba empapado.

—Simplemente llevaré mi sándwich favorito —decidió.

Benny presentó sus sándwiches de queso, lechuga y mayonesa en el concurso. Sabía que eran deliciosos pero no ganaron. Benny se sintió desilusionado. Recogió sus sándwiches y volvió caminando a casa con su mamá.

En el camino, Benny vio el letrero de un banco de alimentos. Su mamá le explicó que era un lugar donde se entregaba comida a las personas que la necesitaran.

—Mamá, quizá les pueda dar mis sándwiches —dijo.

Benny entregó sus sándwiches a un hombre a cargo de recibir las donaciones de alimentos. El hombre se presentó como Leroy.

—Perdón —se disculpó Leroy—. Solo recibimos alimentos enlatados y empaquetados previamente. Pero necesitamos personas que ayuden con una cena del Día de Acción de Gracias la semana próxima. ¿Querrían tú y tu mamá ayudar?

—Sí, por favor —dijo Benny—. Soy cocinero. Hice estos sándwiches.

—Me encantaría probar uno —dijo Leroy. Al terminar de comer, agregó—: Ese fue un sándwich perfecto. Si traes esas destrezas a la cena del Día de Acción de Gracias, habrá muchas personas felices.

Haz conexiones

¿Cómo ayudaron las destrezas de cocina de Benny a los demás? **PREGUNTA ESENCIAL**

¿Qué aspectos de Wong, en *Un pequeño gran violinista*, y de Benny, en *El sándwich perfecto*, te dejan una enseñanza? **EL TEXTO Y OTROS TEXTOS**

Enfoque:

Género

Ficción realista *Un pequeño gran violinista* y *El sándwich perfecto* son cuentos de ficción realista. Los cuentos de ficción realista suelen estar ambientados en el presente. Los personajes son realistas. Eso significa que son como las personas reales.

Lee y descubre Busca dos ejemplos en *Un pequeño gran violinista* que demuestren que es un cuento de ficción realista. ¿Qué sucesos podrían ocurrir en la vida real? ¿Por qué Wong podría ser un personaje de la vida real?

Tu turno

Escribe un cuento de ficción realista sobre cómo usar un talento o una destreza para resolver un problema. Comienza por pensar en un problema realista que pueda tener tu personaje. Luego, piensa en una destreza que pueda usar para resolver el problema. Escribe el cuento en primera persona, como si fueras el personaje principal.